云 南 省 地 方 标 准

连续长下坡路段安全保障系统设计与施工规范

DB 53/T 725—2015

人民交通出版社股份有限公司
China Communications Press Co.,Ltd.

图书在版编目(CIP)数据

连续长下坡路段安全保障系统设计与施工规范/云南省公路开发投资有限责任公司等编.—北京:人民交通出版社股份有限公司,2016.6
ISBN 978-7-114-12930-8

Ⅰ.①连… Ⅱ.①云… Ⅲ.①山区道路—高速公路—安全设计—规范②山区道路—高速公路—道路施工—规范 Ⅳ.①U412.36-65

中国版本图书馆 CIP 数据核字(2016)第 074485 号

云南省地方标准

书　　名:	连续长下坡路段安全保障系统设计与施工规范
著　作　者:	云南省公路开发投资有限责任公司　云南蒙新高速公路建设指挥部　北京中路安交通科技有限公司 交通运输部公路科学研究院　云南省交通规划设计研究院
责任编辑:	刘永芬　王景景
出版发行:	人民交通出版社股份有限公司
地　　址:	(100011)北京市朝阳区安定门外外馆斜街3号
网　　址:	http://www.ccpress.com.cn
销售电话:	(010)59757973
总 经 销:	人民交通出版社股份有限公司发行部
经　　销:	各地新华书店
印　　刷:	北京市密东印刷有限公司
开　　本:	880×1230　1/16
印　　张:	2
字　　数:	56 千
版　　次:	2016 年 6 月　第 1 版
印　　次:	2016 年 6 月　第 1 次印刷
书　　号:	ISBN 978-7-114-12930-8
定　　价:	30.00 元

(有印刷、装订质量问题的图书由本公司负责调换)

DB 53/T 725—2015

目 次

前言 II
1 范围 1
2 规范性引用文件 1
3 术语和定义 2
4 总则 2
5 一般规定 2
6 安全设施 3
　6.1 一般规定 3
　6.2 交通标志 3
　6.3 交通标线 6
　6.4 护栏 8
　6.5 强制减速车道 12
　6.6 避险车道 15
　6.7 其他设施 17
7 服务设施 17
　7.1 一般规定 17
　7.2 停车检查站 18
　7.3 加水检修站 18
　7.4 施工技术要求 18
　7.5 养护与维修 18
8 管理设施 18
附录 A（资料性附录） 部分路段交通标志、标线设置示例 19
附录 B（资料性附录） 混凝土消能减速护栏一般构造图 21
附录 C（资料性附录） 强制减速车道布置示例 22
附录 D（资料性附录） 设置搅拌式阻尼器的网索避险车道设置示例 24

I

前　言

本标准按照(GB/T 1.1—2009)《标准化工作导则　第1部分:标准的结构和编写》给出的规则起草。

本标准由云南省公路开发投资有限责任公司提出。

本标准由云南省交通运输标准化技术委员会(YNTC 13)归口。

本标准主要起草单位:云南省公路开发投资有限责任公司、云南蒙新高速公路建设指挥部、北京中路安交通科技有限公司、交通运输部公路科学研究院、云南省交通规划设计研究院。

本标准主要起草人:周应新、王珏、王高、马亮、杨泽龙、荆坤、周荣贵、梁亚平、马赟、李雷、雷华、岳锐强、张翔、王新、李丹丹、王强、方绍林。

连续长下坡路段安全保障系统设计与施工规范

1 范围

本规范规定了公路连续长下坡路段设置的交通标志、交通标线、护栏、强制减速车道、避险车道、服务设施和管理设施等构成的安全保障系统的设计及施工要求。

本规范适用于新建、改(扩)建公路连续长下坡路段安全保障系统设计与施工。

2 规范性引用文件

下列文件对于本文件的应用是必不可少的。凡是注日期的引用文件,仅注日期的版本适用于本文件。凡是不注日期的引用文件,其最新版本(包括所有的修改单)适用于本文件。

GB/T 700　碳素结构钢
GB/T 799　地脚螺栓
GB/T 1231　钢结构用高强度大六角头螺栓、大六角螺母、垫圈技术条件
GB 5768　道路交通标志和标线
GB/T 5972　起重机用钢丝绳检验和报废实用规范
GB/T 16311　道路交通标线质量要求和检测方法
GB/T 23827　道路交通标志板及支撑件
GB/T 28650　公路防撞桶
JTG B01　公路工程技术标准
JTG B05—01　公路护栏安全性能评价标准
JTG D20　公路路线设计规范
JTG D30　公路路基设计规范
JTG D62　公路钢筋混凝土及预应力混凝土桥涵设计规范
JTG D80　高速公路交通工程及沿线设施设计通用规范
JTG D81　公路交通安全设施设计规范
JTG/T D81　公路交通安全设施设计细则
JTG D82　公路交通标志和标线设置规范
JTG E30　公路工程水泥及水泥混凝土试验规程
JTG F10　公路路基施工技术规范
JTG F30　水泥混凝土路面施工技术规范
JTG F40　公路沥青路面施工技术规范
JTG/T F50　公路桥涵施工技术规范
JTG F71　公路交通安全设施施工技术规范
JTG F80/1　公路工程质量检验评定标准
JTG H10　公路养护技术规范
JTG H11　公路桥涵养护规范
JTG/T J23　公路桥涵加固施工技术规范
JTJ 034　公路路面基层施工技术规范

JTJ 073.1 公路水泥混凝土路面养护技术规范

3 术语和定义

3.1
连续长下坡路段
下坡平均纵坡及所对应坡长均不小于表1规定值的公路路段。

表1 连续长下坡路段界定标准

连续下坡平均纵坡(%)	2.0	2.5	3.0	3.5	4.0	4.5
连续路线长度(km)	15	7.5	4.5	4.0	3.5	3.0

注1：表值为最小值，实际使用时可采用内插法计算确定。
注2：在高寒地区及桥隧相连路段，宜提高该标准。

3.2
安全保障系统
在连续长下坡路段，由交通标志、交通标线、护栏、强制减速车道、避险车道、服务设施和管理设施等组成的设施总称，通过各项设施间相互联系、相互协调，以提高连续长下坡路段行车安全水平。

3.3
消能减速护栏
设置在连续长下坡路段，供制动失效车辆贴靠，消解车辆动能，从而降低车辆运行速度的护栏结构。

3.4
强制减速车道
设置在连续长下坡路段，具备为制动失效车辆提供强制减速功能的专用车道。

3.5
网索避险车道
通过增设网索拦截装置缩短制动失效车辆减速停车距离的避险车道。

4 总则

4.1 为保障连续长下坡路段车辆安全行驶，规范公路安全保障系统的设计与施工，提高连续长下坡路段交通安全水平，特制订本规范。

4.2 连续长下坡路段安全保障系统设计，宜以公路安全性评价为基础，并应与主体工程互相协调、配合使用。

4.3 连续长下坡路段安全保障系统设计，应坚持"主动引导为主，被动防护为辅"的原则，体现"以人为本、安全至上、经济适用、因地制宜"的指导思想。

4.4 运营期公路连续长下坡路段安全保障系统设计，应结合运营期道路交通运行实际情况不断补充完善。

4.5 连续长下坡路段安全保障系统设计与施工，除应符合本规范的规定外，尚应符合国家和行业有关标准的规定。

5 一般规定

5.1 连续长下坡路段安全保障系统，应根据公路平纵线形、填挖方数据及设计速度、交通组成、交通量、运行速度、气候条件等数据进行设计。
5.2 应根据连续长下坡路段坡度、坡长、车重、车速、车型比例、交通量等因素,判定车辆制动易失效路段。
5.3 连续长下坡路段安全保障系统,应针对车辆制动易失效路段进行重点设计。

6 安全设施

6.1 一般规定

6.1.1 连续长下坡路段安全设施,应结合公路安全性评价结果进行专项设计。
6.1.2 应根据车辆制动易失效路段判定结果确定安全设施设计方案。

6.2 交通标志

6.2.1 在连续长下坡路段,除正常设置的标志外,应增设路况信息、安全驾驶、安全设施预告等标志,不宜设置与连续长下坡信息无关的标志,避免信息过载。
6.2.2 连续长下坡路段交通标志,应符合《道路交通标志和标线》(GB 5768)的规定。
6.2.3 连续长下坡路段交通标志的设置,应符合《公路交通安全设施设计规范》(JTG D81)、《公路交通安全设施设计细则》(JTG/T D81)、《公路交通标志和标线设置规范》(JTG D82)的规定。
6.2.4 连续长下坡路段增设标志,应与其他标志综合考虑、总体布局。
6.2.5 交通标志应在连续长下坡路段坡顶前、坡顶处、中间段、坡底进行针对性设计,各位置区段构成如图1所示,相关标志设置示例参见附录A.1。

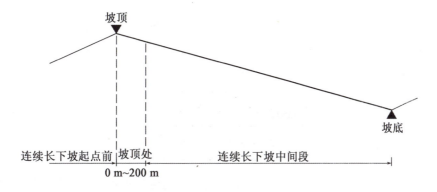

图 1 连续长下坡路段各位置区段构成图

6.2.6 连续长下坡坡顶前应重点设置以下交通标志:
a) 在连续长下坡坡顶前适当位置或相邻的互通立交、服务区、停车区及加水站等上游 2 km 范围内,应设置告知道路使用者前方连续长下坡相关信息的警告标志,如图2所示,设置不宜少于2处。

图 2 连续长下坡警告标志示例

b) 在连续长下坡坡顶前,应设置服务设施距离预告标志,如图3所示。每处预告标志应至少包含最近一处及下一处服务设施的距离,标志宜每隔 500 m～1000 m 设置一处,设置不宜少于 2 处。

3

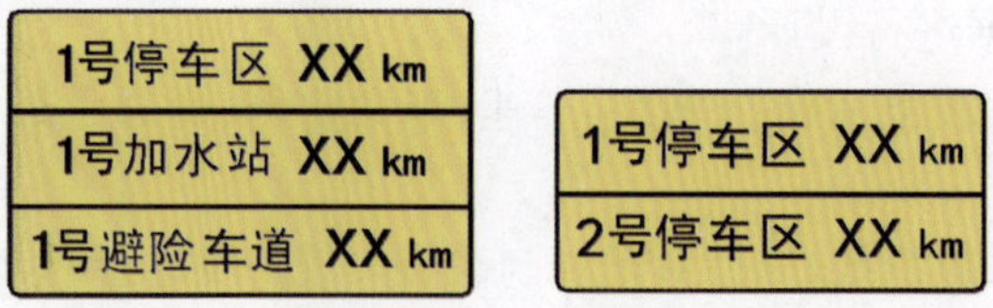

图 3　服务设施距离预告标志示例

c) 在连续长下坡坡顶前适当位置应设置"大型车靠右"标志,设置次数不宜少于 2 次。
d) 连续长下坡坡顶前 500 m 处应设置长下坡距离预告标志,如图 4 所示。

图 4　连续长下坡距离预告标志示例

e) 在距连续长下坡起点前约 50 m～100 m 范围内,应设置连续长下坡长度、安全驾驶提示等标志,相应标志根据具体情况可组合设置,如图 5 所示。

图 5　连续长下坡长度及安全驾驶提示组合标志设置示例

6.2.7　连续长下坡坡顶处,应设置"长下坡长度"、"大型货车低挡慢行"等标志,以指导驾驶员安全通过,相关标志根据具体情况可单独设置也可组合设置,如图 6 所示。

图 6　连续长下坡坡顶处警告标志组合设置示例

6.2.8　连续长下坡中间段应重点设置以下标志:
   a) 根据连续长下坡路段长度,应重复设置长下坡剩余长度提示标志、安全驾驶提示标志(图 7),标志宜每隔 3 km～5 km 设置一处。

图 7　连续长下坡中间段标志设置示例

   b) 在陡坡、视距不良、急弯、车辆制动易失效等路段,宜设置陡坡、急弯、禁止超车及禁止停车等标志。
   c) 采用分车道、分车型通行管理方式时,应设置相应车道指示标志。

6.2.9 连续长下坡坡底可设置"下坡结束"标志,如图8所示。

图8 下坡结束标志示例

6.2.10 停车区、服务区、停车检查站、加水检修站等服务设施前及内部应重点设置下列标志:
 a) 宜在服务设施前至少设置两块预告标志(前1 km、500 m),并在入口处设置入口指示标志,如图9所示。

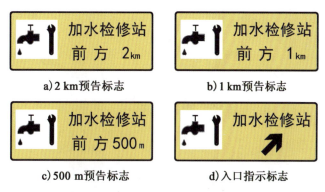

a) 2 km预告标志　　b) 1 km预告标志

c) 500 m预告标志　　d) 入口指示标志

图9 服务设施预告标志设置示例

 b) 在停车检查站、加水检修站等服务设施前,宜设置"大型车靠右"标志,引导大型货车进入服务设施检查、休息时,应设置车道指示标志。
 c) 服务设施入口处,宜设置连续长下坡路段长度提示信息标志及下一处服务设施距离预告标志,如图10所示。

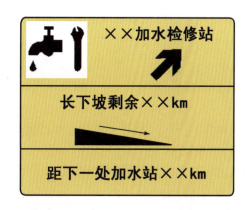

图10 加水检修站入口处预告及警告组合设置标志示例

 d) 服务设施内可设置用于路况信息描述、安全行驶注意事项等告示标志,一般包括:连续长下坡位置、坡度、坡长;安全设施、服务设施数量及位置;危险路段位置;连续长下坡路段剩余长度;安全通行注意事项;新型安全设施使用说明;紧急报警救援方式;恶劣天气情况下应配备装备及采取相应措施等内容,如图11所示。标志宜设置在醒目区域。

6.2.11 连续长下坡路段设置路侧消能减速护栏、强制减速车道等新型安全设施时,应在相应安全设施起点前100 m～200 m范围内设置诱导标志,诱导标志宜采用警告标志的颜色要求,如图12所示。

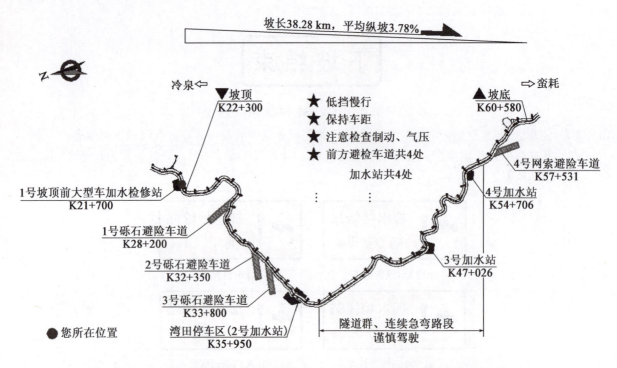

图11 某高速连续长下坡坡顶前加水站内设置的路况信息标志示例

图12 消能减速护栏及强制减速车道诱导标志示例

6.2.12 施工技术要求

连续长下坡路段交通标志施工技术要求,除应符合《公路交通安全设施施工技术规范》(JTG F71)的规定外,还应满足以下要求:

a) 交通标志的材料、加工及制作,应符合《道路交通标志和标线》(GB 5768)和《道路交通标志板及支撑件》(GB/T 23827)的规定。
b) 所有钢构件的钻孔、冲孔、焊接,均应按《公路桥涵施工技术规范》(JTG/T F50)和设计文件的要求,并应在防腐处理之前完成。
c) 标志基础材料与施工要求,应符合《公路桥涵施工技术规范》(JTG/T F50)的规定。
d) 施工过程及验收,应符合《公路工程质量检验评定标准》(JTG F80/1)的规定。

6.3 交通标线

6.3.1 连续长下坡路段交通标线,应从引导驾驶员安全行驶、高效使用安全保障设施方面重点设计。

6.3.2 连续长下坡路段交通标线,应符合《道路交通标志和标线》(GB 5768)的规定。

6.3.3 连续长下坡路段交通标线设置,应符合《公路交通安全设施设计规范》(JTG D81)、《公路交通安全设施设计细则》(JTG/T D81)、《公路交通标志和标线设置规范》(JTG D82)的规定。

6.3.4 连续长下坡路段交通标线应与交通标志配合设计。

6.3.5 连续长下坡路段存在长直线、陡坡、连续急弯、路侧陡崖以及其他易影响行车安全的路段时,宜根据具体情况设置减速标线。

6.3.6 在弯路、陡坡、隧道洞口前以及其他需要减速的路段前或路段中,可设置车行道横向减速标线和纵向减速标线,设置要求应满足以下规定:

a) 车行道横向及纵向减速标线设置,应符合《道路交通标志和标线》(GB 5768)的规定。
b) 横向减速标线可采用振动标线形式,宜分组设置,每组标线条数可根据实际情况进行调整,设置尺寸见表2,设置示例如图13所示(图中箭头表示车流行驶方向)。

表2 连续长下坡路段振动标线设置尺寸

组 别	标线条数	与下一组间距(m)	单条标线宽度(cm)	线条间距(cm)
1	10条	17	8	6
2	5或3条	13	8	6
3	5或3条	9	8	6
4	5或3条	9	8	6
5	3条	5	8	6
6	3条	3	8	6
7	3条	3	8	6
8	3条	—	8	6

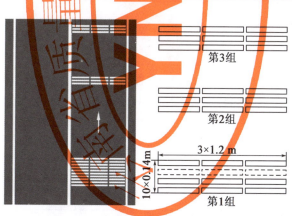

图13 振动标线分组设置示例

6.3.7 长直线及需提示驾驶员已驶离行车道路段的行车道外侧硬路肩宜设置隆声带,隆声带的设计寿命不得低于24个月,隆声带设置应避开高海拔、易结冰路段。

6.3.8 经常出现强侧向风的特大桥梁路段、隧道路段、急弯陡坡路段、车行道宽度渐变路段,应设置与车行道分界线同宽的禁止跨越同向车道分界线。

6.3.9 采用分车道、分车型通行管理方式时,宜在路面设置代表不同车型的路面文字标记,路面文字标记宜与车道指示标志同时设置。

6.3.10 避险车道引道宜设置导向箭头,根据具体情况可同时在路面施划提示性路面文字标记,引道三角端处应设置三角地带标线。

6.3.11 在需提醒驾驶员注意的路段可设置具有防滑、减速及警示功能的彩色路面及标线,设置要求应满足以下规定:

a) 隧道出入口内外30 m范围内宜设置红色防滑警示路面。
b) 避险车道、加水站等服务设施预告标志附近的行车道路面,可采用横向防滑条状标线(标线颜色可相互区分,如黄色或红色),设置长度不宜小于50 m。
c) 陡崖路段路侧硬路肩可采用红色防滑警示路面。

6.3.12 施工技术要求。连续长下坡路段交通标线施工技术要求除应符合《公路交通安全设施施工技术规范》(JTG F71)的规定外,还应满足以下要求：

a) 防滑彩色路面的施工应符合产品使用说明书和设计文件的规定。
b) 路面标线应符合《道路交通标线质量要求和检测方法》(GB/T 16311)的要求。
c) 施工过程及验收应符合《公路工程质量检验评定标准》(JTG F80/1)的规定。

6.4 护栏

6.4.1 护栏等级要求

各防护等级以及需要进行特殊设计的其他等级护栏标准段、过渡段、中央分隔带开口护栏、护栏端头和防撞垫的安全性能应满足《公路护栏安全性能评价标准》(JTG B05—01)的规定。

6.4.2 护栏设置原则

除应符合《公路交通安全设施设计规范》(JTG D81)的规定外,还应满足以下要求：

a) 填方路段路侧、路侧边沟无盖板且车辆无法安全穿越的挖方路段、中央分隔带应设置护栏。
b) 护栏起讫点、交通分流处三角地带及隧道出、入口等位置,应进行安全设计,有条件的路段宜设置外展式或防撞端头。
c) 不同防护等级或不同刚度的护栏之间连接时,应进行过渡段设计。

6.4.3 护栏防护等级选取

护栏防护等级应按如下要求选取：

a) 车辆驶出路外有可能造成的交通事故严重程度与路侧危险程度、设计速度、设计年预测交通量及组成等因素有关,应结合连续长下坡路段交通事故特点,综合各种因素及技术条件,按表3的规定选取路侧护栏的防护等级,对于小半径平曲线外侧路段可按表3的较高等级选用。

表3 路侧护栏防护等级选取

适用条件	设计速度（km/h）	货车交通量（辆/24h）	护栏防护等级
路侧10 m范围内存在高速铁路、居民区、饮用水源、可能爆炸的化工厂等车辆驶出路外有可能造成二次特大事故的路段	120	>3000	HB、HA
	100、80		SS、HB
	60		SA、SS
	120	≤3000	SS、HB
	100、80		SA、SS
	60		SB、SA
	<60		A、SB
路侧10 m范围内存在公路、铁路等车辆驶出路外有可能造成二次重大事故的路段	120	>3000	SA、SS
	100、80		SA
	≤60		SB
	120	500～3000	SA
	100、80		SB、SA
	≤60		A、SB
	>60	<500	SB
	≤60		A

8

表 3（续）

适用条件	设计速度（km/h）	货车交通量（辆/24h）	护栏防护等级
路侧10 m范围内存在悬崖、水域（深度大于1.5 m）、非变形障碍物、声屏障以及陡于等于3:1的路堑边坡等车辆驶出路外有可能造成单车特大事故的路段	120	>3000	SA
	100、80、60		SB、SA
	<60		SB
	120	500～3000	SB、SA
	100、80、60		SB
	<60		A、SB
	≥60	<500	SB
	<60		B、A
路侧10 m范围内存在可变形但不可解体的孤立障碍物，车辆驶出路外有可能造成单车重大事故的路段	120		SB
	100、80、60		A、SB
		≥500	B
	<60	<500	—

注：货车交通量为双向货车交通量转换为小客车的当量交通量。

b) 中央分隔带护栏防护等级选取，如表4所示，对于小半径平曲线、车辆制动易失效路段，中央分隔带护栏防护等级不应低于SAm级。

表4 中央分隔带护栏防护等级的选取

设计速度(km/h)	货车交通量(辆/24h)	防护等级
120	>3000	SAm、SSm
	≤3000	SBm、SAm
80、100	≥500	SBm、SAm
	<500	SBm
60	≥500	SBm
	<500	Am

c) 护栏上游端头防护等级选取，如表5所示。

表5 护栏上游端头防护等级选取

设计速度(km/h)	设计防护速度(km/h)	防护等级
120	100	TS
100	80	TA
80	60	TB

d) 根据车辆驶出桥外或进入对向车行道有可能造成的交通事故等级，可按表6的规定选取桥梁护栏的防护等级。因桥梁线形、运行速度、桥梁高度、交通量、车辆构成和其他不利现场条件等因素易造成更严重碰撞后果的路段，应在表6的基础上提高护栏的防护等级，车辆制动易

失效路段,桥梁护栏防护等级不应低于 SS、SSm 级。

表6 桥梁护栏防护等级适用条件

设计速度 （km/h）	车辆驶出桥外或进入对向车行道		
	单车重大事故 或特大事故	二次重大事故或二次特大事故	
		跨越国家高速公路网、高速铁路 和城市饮用水源地的桥梁	跨越其他公路 和铁路的桥梁
120	SA、SAm	HA、HAm	SS、SSm
100、80	SB、SBm	HB、HBm	SA、SAm
60	A、Am	SS、SSm	SB、SBm

6.4.4 形式选择及设置要求

护栏形式选择及设置要求除应符合《公路交通安全设施设计规范》(JTG D81)、《公路交通安全设施设计细则》(JTG/T D81)的规定外,还应满足以下要求:
a) 护栏最大横向动态位移外延值(W)或车辆最大动态外倾当量值(VIn)应小于护栏与障碍物（包括对向来车）之间的距离。
b) 连续长下坡路段中央分隔带及桥梁护栏应选用混凝土护栏结构形式,防护等级应符合本规范6.4.3条规定。
c) 车辆制动易失效路段宜根据线形、路侧环境等条件设置消能减速护栏,结构形式可采用本规范6.4.5条的混凝土消能减速护栏。

6.4.5 消能减速护栏

6.4.5.1 设置原则。

6.4.5.1.1 消能减速护栏宜设置于路侧或桥侧,中央分隔带可根据实际情况选用,当设置于中央分隔带时,不应设置主动引导设施。

6.4.5.1.2 消能减速护栏连续设置长度应大于400 m,有条件路段宜大于700 m。

6.4.5.1.3 消能减速护栏起点宜设置"消能减速护栏"告示标志。

6.4.5.2 消能减速护栏防护等级不应低于 SS 级。

6.4.5.3 SS 级混凝土消能减速护栏构造要求。

6.4.5.3.1 SS级混凝土消能减速护栏构造要求,如图14所示,护栏一般构造图参见附录B。未经实车足尺碰撞试验验证,不得随意改变护栏迎撞面形状,背面可根据实际情况进行相应调整,但顶部和底部宽度应不小于图14数值要求。

6.4.5.3.2 SS 级混凝土消能减速护栏混凝土强度等级应不低于 C30。

6.4.5.3.3 消能减速护栏的起止点及在隧道口处应进行安全过渡处理。

6.4.6 中央分隔带开口护栏

连续长下坡路段中央分隔带开口必须设置中央分隔带开口护栏,其设计应主要满足以下规定:
a) 中央分隔带开口护栏应具有一定的防撞能力,其防护等级可低于相邻正常段护栏1~2个等级,但不得低于Am级,在制动易失效路段不宜低于SBm级。
b) 中央分隔带开口护栏端部应与相邻中央分隔带护栏合理过渡。
c) 中央分隔带开口护栏应方便开启与关闭,且可人工移动。

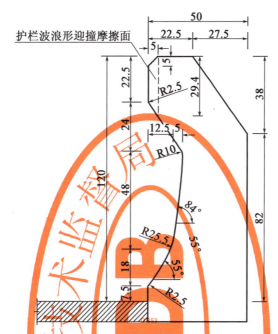

图14 SS级消能减速护栏断面构造图(尺寸单位:cm)

6.4.7 过渡段

6.4.7.1 不同防护等级或不同刚度的护栏之间连接时,应进行过渡段设计。

6.4.7.2 护栏过渡段的防护等级应不低于所连接护栏中较低的防护等级。

6.4.7.3 护栏过渡段宜设置于防护等级较低或刚度较低的护栏范围内。

6.4.7.4 护栏过渡段应使两种护栏的刚度、横断面形式和横断面位置逐渐过渡,同时应兼顾两种护栏外观的连续、美观,渐变偏角不宜大于2°。

6.4.8 缓冲设施

6.4.8.1 护栏的上游端部位于公路路侧净区内,未进行外展安全处理,且没有设置防撞垫时,应设置防撞端头。

6.4.8.2 高速公路主线分流端、匝道分流端、隧道洞口等位置应设置可导向防撞垫。

6.4.8.3 高速公路、设有中间带的一级公路中央分隔带护栏起始端部,上跨高速公路孤立的跨线桥中墩端部宜设置可导向防撞垫。

6.4.8.4 高速公路路侧净区内有特殊形式的危险障碍物,不能采用其他方式进行安全有效防护时,应设置可导向防撞垫或非导向防撞垫。

6.4.8.5 防撞垫的平面布设应与公路线形相一致,设置于主线分流端、匝道分流端时,防撞垫的轴线宜与防撞垫两侧公路路线交角的中心线相重叠,并与所在位置的其他公路交通设施相协调。

6.4.8.6 根据高速公路的设计速度,可按表7的规定选取防撞端头、防撞垫的防护等级。因运行速度、交通量等因素易造成更严重碰撞后果的路段,应结合实际防护需求提高防撞端头、防撞垫的防护等级。

表7 护栏端头和防撞垫的防护等级

防护等级	一	二	三
代码	TB	TA	TS
设计防护速度(km/h)	60	80	100

6.4.9 施工技术要求

护栏施工技术要求,除应符合《公路交通安全设施施工技术规范》(JTG F71)的规定外,还应满足以下要求:

a) 配制混凝土所用的材料以及混凝土的浇筑,应符合《公路桥涵施工技术规范》(JTG/T F50)的规定。

b) 缓冲设施材料应满足以下要求:
   1) 缓冲设施所用的钢构件,宜采用 Q235 号钢,其技术性能应符合《碳素结构钢》(GB/T 700)的规定。
   2) 缓冲设施所用螺栓紧固件,应符合《钢结构用高强度大六角头螺栓、大六角螺母、垫圈技术条件》(GB/T 1231)的规定。
   3) 防撞垫所用材料为橡胶或塑料时,其性能指标应符合《公路防撞桶》(GB/T 28650)的规定。

c) 混凝土消能减速护栏当采用现场浇筑方式施工时,模板应采用钢模板,模板厚度不应小于4 mm。

d) 防撞垫施工应满足以下要求:
   1) 防撞垫放样应以其后部的被防护结构为主要控制点。
   2) 防撞垫应与后部的护栏结构平顺连接。
   3) 防撞垫施工前应仔细核查地下设施情况,并确认不会对地下设施造成损坏,否则,应调整防撞垫固定方式。
   4) 防撞垫基础的施工应符合《公路桥涵施工技术规范》(JTG/T F50)的规定。
   5) 防撞垫组装应符合设计文件及产品说明书的规定。
   6) 所有构件不应有凹凸、起伏等缺陷,不应因运输、施工造成防腐层损伤,且不得现场焊割和钻孔。

e) 施工过程及验收应符合《公路工程质量检验评定标准》(JTG F80/1)的规定。

6.4.10 养护与维修

护栏日常养护与维修,除应符合《公路桥涵养护规范》(JTG H11)的规定外,还应满足以下要求:

a) 消能减速护栏使用后应及时进行维修,护栏维修应符合《公路桥涵养护规范》(JTG H11)、《公路桥涵加固施工技术规范》(JTG/T J23)、《公路桥涵施工技术规范》(JTG/T F50)的规定。

b) 防撞垫受车辆轻微碰撞后发生局部变形或撕裂破坏时,可只对变形或破坏部分构件进行更换,主体构件受到严重破坏时,应对防撞垫进行整体更换。

6.5 强制减速车道

6.5.1 一般规定

6.5.1.1 强制减速车道应根据公路线形、制动失效车辆车速、其他安全防护设施设置情况等综合确定设置方案。

6.5.1.2 强制减速车道设计应充分考虑与主体工程之间的配合,并与主体工程同时设计、施工。

6.5.1.3 强制减速车道滚动阻力系数应通过实车试验验证。

6.5.2 设置原则

6.5.2.1 强制减速车道应设置在车辆制动易失效路段内。

6.5.2.2 强制减速车道应设置在路侧加宽专用车道或避险车道引道内,且应避开隧道和桥梁,同时强制减速车道起止点与隧道洞口间距离应不小于 300 m。

6.5.2.3 强制减速车道设置路段路侧应采用消能减速护栏。

6.5.2.4 强制减速车道与主体行车道间应做好防排水处理,以避免雨水渗入路基。

6.5.2.5 强制减速车道设置路段前方应采取提示或诱导措施引导制动失效车辆顺利驶入。

6.5.3 强制减速车道设置长度

强制减速车道的长度应根据制动失效车辆的驶入速度、驶离速度、强制减速车道滚动阻力系数、道路纵坡综合确定。

6.5.4 强制减速车道结构

强制减速车道由按照一定尺寸排列的单体橡胶空腔减速垄组合而成(图15),橡胶空腔减速垄每块长101 cm,宽69.4 cm,高17.2 cm,露出路面高度为13.5 cm。橡胶空腔减速垄横向间距为1.8 m(两个为一组),行车方向每组设置间距为1.3 m,其滚动阻力系数不小于0.06。橡胶空腔减速垄采用地脚螺栓固定于混凝土基础,垄内设有排气孔,如图15所示。混凝土基础厚度宜为25 cm～30 cm,一般布置图参见附录C。

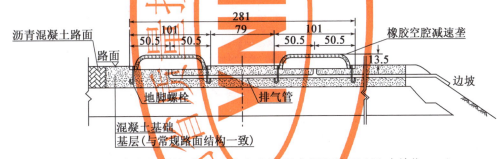

图 15 强制减速车道橡胶空腔减速垄横断布置示意图(尺寸单位:cm)

6.5.5 材料要求

6.5.5.1 根据使用环境,橡胶空腔减速垄的橡胶材料主要技术指标应符合表8的规定。

表 8 橡胶空腔减速垄材料技术要求

指　　标		单　位	技术要求
硬度(邵氏)		度	55±5
拉伸强度		MPa	≥20
拉断伸长率		%	≥500
永久变形		%	≤25
撕裂强度		kN/m	≥70
屈挠		次	≥8000
热空气老化试验 70 ℃×120 h 后性能	强度下降率	%	≤20
	伸长率下降率	%	≤35
	硬度变化	度	≤10
表面花纹深度		mm	4±0.5

6.5.5.2 橡胶空腔减速垄基础采用混凝土结构,混凝土强度等级不应低于C25,材料要求应符合《公路钢筋混凝土及预应力混凝土桥涵设计规范》(JTG D62)的规定。

6.5.5.3 安装橡胶空腔减速垄用地脚螺栓采用8.8级M16高强螺栓,其质量应符合《地脚螺栓》(GB/T 799)的规定。

6.5.5.4 排气管采用$\phi 60 \times 2mm$ PVC圆管。

6.5.6 施工技术要求

6.5.6.1 强制减速车道施工工艺流程如图16所示。

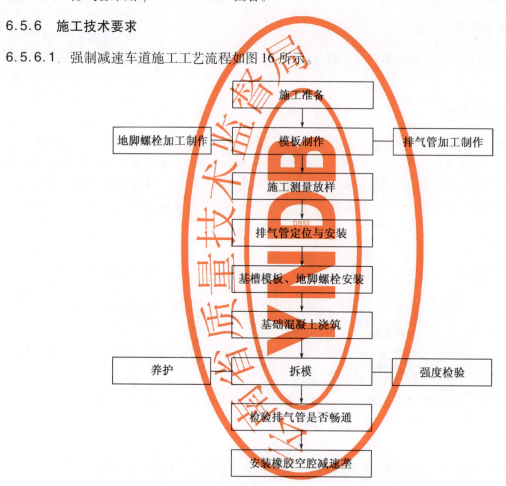

图16 强制减速车道施工工艺流程

6.5.6.2 强制减速车道施工除应符合《水泥混凝土路面施工技术规范》(JTG F30)、《公路桥涵施工技术规范》(JTG/T F50)相关规定外,还应满足以下要求:

a) 基础施工前应按设计文件确定位置,并保证基础顶面标高、横坡坡度与相邻主线路面保持一致,避免路面排水不畅。

b) 橡胶空腔减速垄基槽模板强度应满足设计要求。

c) 地脚螺栓应定位准确,位置偏差、竖直度偏差均不应大于±1 mm,并应注意地脚螺栓顶面标高不应高于路面标高。

d) 排气管在安装牢固的同时要注意位于基槽内的出气口不低于基槽模板面,并且在橡胶空腔减速垄安装前应予封堵,防止灰尘或其他物体堵塞,影响排气管的正常使用,排气管在路侧边坡处应采取向下弯折处理且外露部分不应少于20 cm,同时应采取透气材料进行封堵。

e) 基础混凝土必须一次性浇筑完成,同时混凝土振捣不得影响模板、地脚螺栓及横向排水管的位置和稳定性。

f) 橡胶空腔减速垄基础可依据《水泥混凝土路面施工技术规范》(JTG F30)设置纵向、横向接缝,并应注意接缝不应留在基槽位置。

g) 橡胶空腔减速垄安装前应将基槽内杂物清理干净,并再次检查排气管排气是否畅通。
h) 橡胶空腔减速垄必须在基础混凝土强度达到设计强度的80%以上时才能安装。
i) 橡胶空腔减速垄安装完毕后应检查橡胶空腔减速垄四壁与基槽壁接触是否良好,有无缝隙、松动现象,若有缝隙用沥青或其他防水材料进行密封处理,以防止灰尘等杂物进入基槽。
j) 橡胶空腔减速垄安装完成后其表面应清扫干净,不得有油污等污染物。

6.5.6.3 施工后橡胶空腔减速垄应固定牢固,底部四周与基槽贴合紧密,与基槽接缝处相邻高差不应超过±2mm。

6.5.6.4 施工完毕后应逐个检查橡胶空腔减速垄排气是否顺畅。

6.5.6.5 施工过程及验收应符合《公路工程质量检验评定标准》(JTG F80/1)的规定。

6.5.7 养护与维修

a) 混凝土基础维修与养护应符合《公路水泥混凝土路面养护技术规范》(JTJ 073.1)、《公路桥涵养护规范》(JTG H11)、《公路桥涵加固施工技术规范》(JTG/T J23)、《公路桥涵施工技术规范》(JTG/T F50)的规定。
b) 橡胶空腔减速垄出现破损影响使用性能时应及时更换。
c) 使用中应定期检查排气管是否畅通,避免杂物阻塞,发现排气不畅通的情况应立即疏通或更换。
d) 使用中应定期检查地脚螺栓、螺母是否松动,如有松动或丢失现象应立即予以紧固或更换。
e) 橡胶空腔减速垄一旦发生油污污染应及时更换。

6.6 避险车道

6.6.1 避险车道设计除应符合本规范规定外,还应符合云南省地方推荐标准《避险车道设计指南》的规定。

6.6.2 一般规定

a) 避险车道应根据公路线形、路侧环境、制动失效车辆车速以及其他安全防护设施设置情况等综合确定设置方案。
b) 避险车道设计应充分考虑与主体工程之间的配合,并与主体工程同时设计、施工。
c) 避险车道宜设置照明、监控等机电设施。
d) 避险车道应设置完备的排水系统,以避免制动坡道集料冻结和制动床基底的污染。

6.6.3 设置原则

a) 避险车道应设置在车辆制动易失效路段,应根据车辆制动效能衰减情况进行核算,确定设置位置。
b) 避险车道宜设置在连续长下坡路段右侧视距良好的路段,应避开小半径平曲线、人口稠密区、重要构造物及服务区。
c) 避险车道宜设置在较小半径的曲线路段切线方向,如设置在直线或大半径曲线路段时,进入避险车道的驶入角不应过大以利车辆顺利驶入。
d) 应结合地形、线形条件确定避险车道的设置位置,且应避开桥梁、隧道等构造物。

6.6.4 形式选择

a) 避险车道宜采用上坡式制动坡道型式,平坡与下坡型经实车试验验证满足要求后可采用。
b) 路侧地形条件不能满足制动失效车辆停止距离时,可设置网索避险车道。

6.6.5 网索避险车道结构

a) 网索避险车道必须成功通过实车运行试验验证才能使用,评价标准可参见表9。

表 9 网索避险车道实车运行试验评价标准

评价内容	指标要求
拦截功能	应能够使车辆在制动坡道内停车,不发生侧翻,拦截装置构件及其脱离件不得侵入车辆乘员舱
缓冲功能	乘员碰撞速度的纵向与横向分量均不得大于12 m/s; 乘员碰撞后加速度的纵向与横向分量均不得大于200 m/s²; 驾驶室不应发生严重变形; 对于拖挂车,车辆拖挂连接销轴不应发生剪断破坏
网索拦截装置结构强度	网索拦截装置不发生断裂等结构性破坏

b) 网索避险车道在满足避险车道相关规定基础上应重点进行网索拦截装置设计。

c) 网索拦截装置主要由阻尼器、拦截网、滚轴装置三部分组成,根据制动坡道长度要求,可设置一组或多组网索拦截装置,拦截网沿行车方向的设置间距不应小于2 m,网索拦截装置构成如图17所示。

图 17 网索拦截装置构成示意图

d) 网索拦截装置设置数量应按式(1)计算。

$$\sum_{i=1}^{n} 2F_i \times (\sqrt{L^2 + S_i^2} - L) \geq E_{阻尼器} \quad \cdots\cdots\cdots\cdots\cdots\cdots (1)$$

式中:

n ——网索拦截装置数量;

F_i ——第 i 组阻尼器阻尼力(kN);

L ——(制动坡道宽度 – 车宽)/2(m);

S_i ——第 i 道拦截网至制动坡道末端距离(m);

$E_{阻尼器}$ ——所有阻尼器阻尼力消耗的制动失效车辆动能(kJ),按式(2)计算。

$$E_{阻尼器} = E_{车辆} - E_{集料} - E_{反坡} \quad \cdots\cdots\cdots\cdots\cdots\cdots (2)$$

式中:

$E_{车辆}$ ——制动坡道入口处制动失效车辆动能(kJ);

$E_{集料}$ ——制动坡道集料消耗的制动失效车辆动能(kJ);

$E_{反坡}$ ——制动坡道反坡消耗的制动失效车辆动能(kJ)。

6.6.6 施工技术要求

6.6.6.1 避险车道基床、排水系统的施工应符合《公路路基施工技术规范》(JTG F10)、《公路面层基层施工技术规范》(JTJ 034)和《水泥混凝土路面施工技术规范》(JTG F30)等标准的规定。

6.6.6.2 避险车道设置的交通标志、标线、护栏、视线诱导等交通安全设施的施工应符合《公路交通安全设施施工技术规范》(JTG F71)的规定。

6.6.6.3 避险车道的基床施工完毕,在铺设制动坡道集料前,应对基床表面进行清扫,表面不应留有杂物。

6.6.6.4 避险车道施工完毕后,再进行末端消能设施的安装或放置。

6.6.6.5 施工结束后,应对制动坡道集料进行整理,表面不应有明显的突起及凹陷。

6.6.6.6 网索避险车道施工应注意以下几点:
    a) 网索拦截装置所用材料应符合设计文件的规定。
    b) 阻尼器基础宜与避险车道基床、排水系统等同步施工。
    c) 滚轴装置设置于护栏上时,其不应对护栏的结构强度造成影响。
    d) 阻尼器与滚轴装置设置位置应相互协调,保证阻尼器钢丝绳出绳顺畅。
    e) 待阻尼器基础强度达到设计强度的80%以上时才能进行网索拦截装置的安装。
    f) 拦截网应拉紧,保证不倾斜、不松垮,同时其竖直面应与制动坡道填充集料顶面保持垂直。

6.6.6.7 网索避险车道质量控制:
    a) 网索避险车道网索拦截装置数量及相关要求应满足设计文件及产品说明书的要求。
    b) 拦截网与阻尼器连接应牢固,拦截网倾斜不应超过5°。
    c) 网索拦截装置安装完成后应进行调试,保证各部分能正常工作。

6.6.7 养护与维修

6.6.7.1 制动坡道集料应保持干净、平整、松散。

6.6.7.2 应定期对集料进行翻松,每次使用后必须对集料进行翻松,翻松深度应不小于60 cm,以保证集料松散。

6.6.7.3 每次使用后应及时清理污染物,被污染的集料应及时更换,防止集料板结。

6.6.7.4 冬季应防止制动坡道集料冻结,降雪后应及时清扫引道和制动坡道上的积雪,保证避险车道轮廓清晰可见,使驾驶员能够准确判断避险车道方位。

6.6.7.5 对排水设施应定期进行维护,疏通被损坏或阻塞的排水设施。

6.6.7.6 加强交通安全设施的日常检查维护,及时更换或修复损坏部分。

6.6.7.7 网索避险车道养护与维修除应符合设计文件及产品说明书的规定外,还应注意:
    a) 应定期检查网索拦截装置,出现锈蚀、螺栓松动、阻尼器及滚轴装置运转不畅、拦截网松弛、倾斜等现象应及时维修或更换。
    b) 每次使用后应对网索拦截装置进行详细检查,发现构件损坏应及时维修或更换,阻尼器、拦截网等造成结构性破坏的,必须进行更换。

6.7 其他设施

6.7.1 防眩设施、轮廓标、防落网、隔离栅等其他安全设施设计要求应符合《公路交通安全设施设计规范》(JTG D81)、《公路交通安全设施设计细则》(JTG/T D81)的规定。

6.7.2 防眩设施、轮廓标、防落网、隔离栅等其他安全设施施工要求应符合《公路交通安全设施施工技术规范》(JTG F71)的规定。

7 服务设施

7.1 一般规定

7.1.1 连续长下坡路段应根据路段线形、路侧环境、交通特征等因素综合考虑设置停车检查站、加水检修站等服务设施。

7.1.2 连续长下坡服务设施宜与服务区、停车区合并设置。

7.1.3 连续长下坡服务设施应避免设置在急弯、陡坡、地质条件较差等路段，并应综合考虑供水、供电、排水等问题。

7.1.4 连续长下坡服务设施应设置完备的照明及监控设施。

7.1.5 连续长下坡服务设施应充分考虑与主体工程之间的配合，并与主体工程同时设计、施工。

7.1.6 连续长下坡服务设施应考虑运营期扩容改造需求。

7.1.7 服务区内加油站与电动汽车充电桩应分离设置。

7.2 停车检查站

7.2.1 停车检查站应具备大型货车自检、休息、加水、路况信息提示等功能。

7.2.2 停车检查站应设置于连续长下坡坡顶之前，不宜离坡顶过远。

7.2.3 停车检查站车辆检修及加水设施规模应根据交通量、货车比例、停车检修时间等因素综合确定。

7.2.4 停车检查站应按本规范6.2.10d)条的规定设置告示标志，告知驾驶员前方道路情况，有条件时宜采用电子显示屏、宣传单等方式加强宣传。

7.2.5 停车检查站内应设置危险货物泄漏处理专用区域，设置位置应避开人员密集区域。

7.3 加水检修站

7.3.1 加水检修站应具备加水、检修、休息、路况信息提示等功能。

7.3.2 加水检修站位置及规模应根据交通量、路侧环境、气候条件等确定。

7.4 施工技术要求

7.4.1 停车检查站、加水检修站等连续长下坡路段服务设施内路基、路面等施工技术应符合《公路路基施工技术规范》(JTG F10)、《水泥混凝土路面施工技术规范》(JTG F30)、《公路沥青路面施工技术规范》(JTG F40)、《公路路面基层施工技术规范》(JTJ 034)的规定。

7.4.2 施工过程及验收应符合《公路工程质量检验评定标准》(JTG F80/1)的规定。

7.5 养护与维修

7.5.1 停车检查站、加水检修站等连续长下坡路段服务设施内土建及附属设施养护应符合《公路养护技术规范》(JTG H10)的规定。

7.5.2 加水检修站内管道、管线及排水边沟设施应定期检查，保证排水通畅。

7.5.3 停车检查站、加水检修站内检修设备应定期进行检查，保证车辆的顺利检修。

8 管理设施

8.1 连续长下坡路段管理设施应符合《高速公路交通工程及沿线设施设计通用规范》(JTG D80)的规定。

8.2 连续长下坡路段宜设置测速设备，并将车辆速度通过可变情报板等方式反馈给驾驶员。

8.3 连续急弯、陡坡等连续长下坡路段可采取分车道、分车型通行管理方式。

8.4 连续长下坡路段宜设置完善的全程监控设施。

附 录 A
（资料性附录）
部分路段交通标志、标线设置示例

A.1 连续长下坡路段交通标志设置示例见图 A.1。

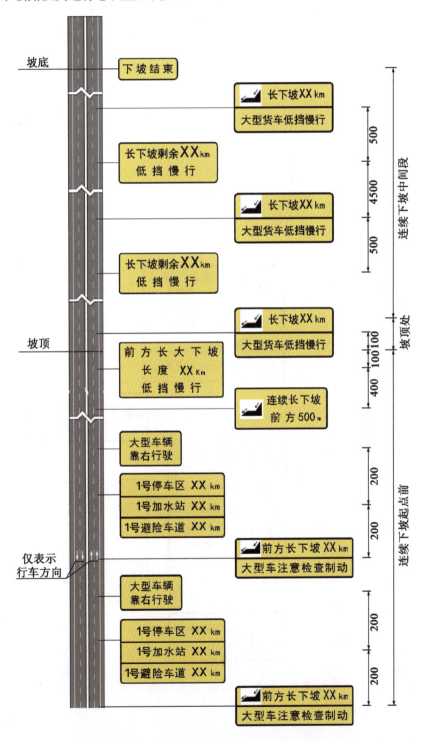

图 A.1 交通标志设置示例（尺寸单位：m）

A.2 加水站标志、标线设置示例见图 A.2。

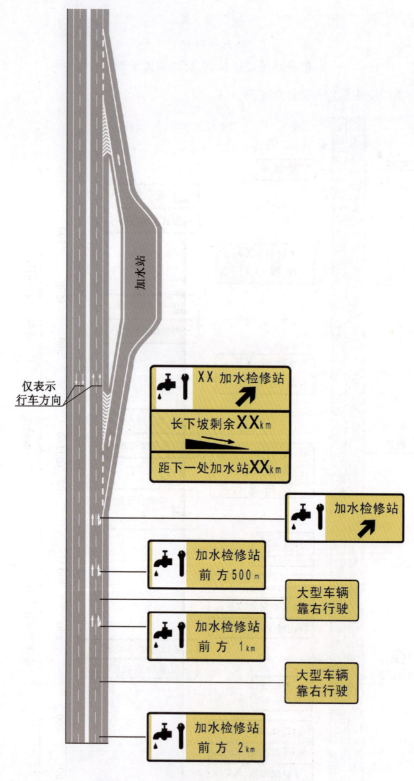

图 A.2 加水站标志、标线设置示例

附 录 B
（资料性附录）
混凝土消能减速护栏一般构造图

混凝土消能减速护栏一般构造图见图 B.1。

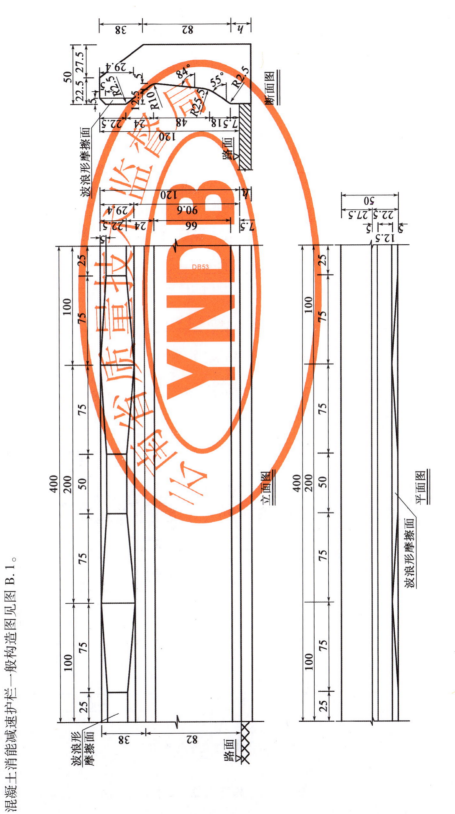

图 B.1 混凝土消能减速护栏一般构造图（尺寸单位：cm）

附 录 C
（资料性附录）
强制减速车道布置示例

C.1 一般布置图见图 C.1。

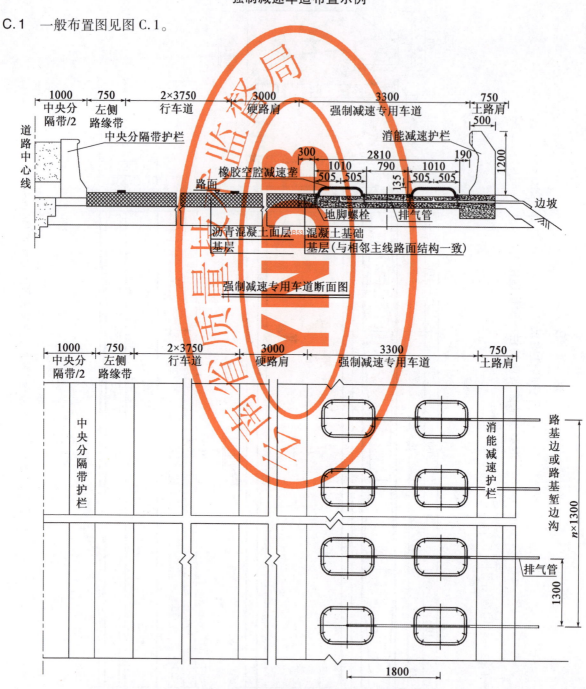

图 C.1 一般布置图（尺寸单位：mm）

C.2 标志标线设置示例见图 C.2。

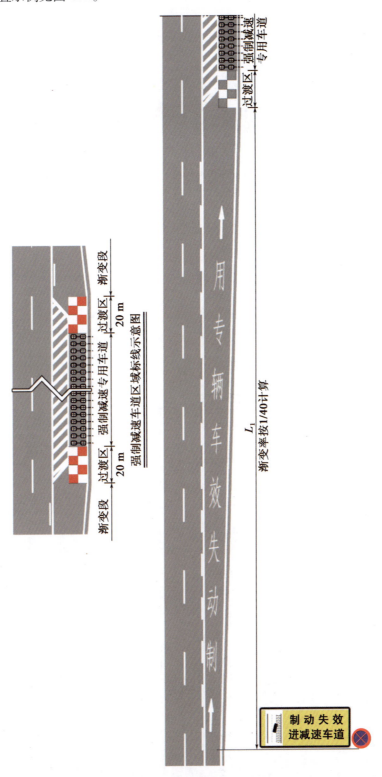

图 C.2 标志标线设置示例

附 录 D
（资料性附录）
设置搅拌式阻尼器的网索避险车道设置示例

D.1 设置搅拌式阻尼器的网索避险车道布置图

D.1.1 网索拦截装置布置图见图 D.1。

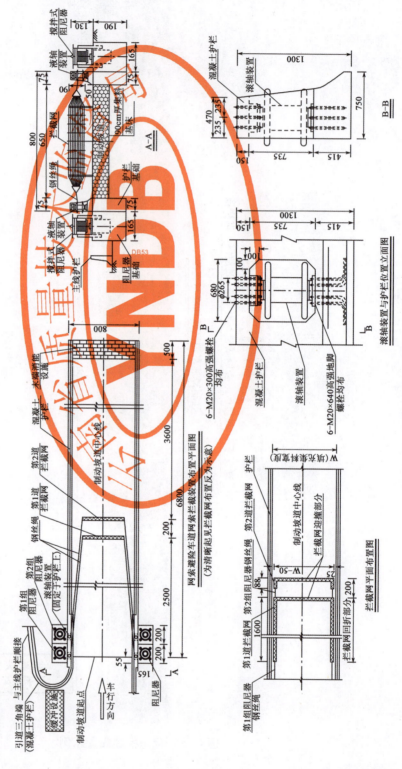

图 D.1 网索拦截装置布置图（尺寸单位：mm）

D.1.2 拦截网、搅拌式阻尼器、滚轴装置结构图见图D.2。

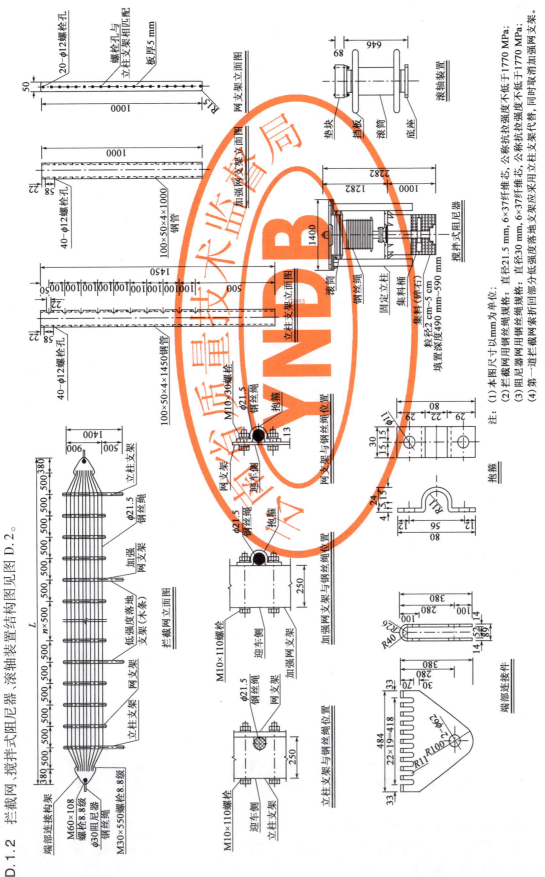

图 D.2 网索拦截装置布置图

D.2 设置搅拌式阻尼器的网索拦截装置施工技术要求

D.2.1 施工流程

设置搅拌式阻尼器的网索拦截装置施工工艺流程如图D.3所示。

图 D.3 设置搅拌式阻尼器的网索拦截装置施工工艺流程

D.2.2 施工注意事项

a) 滚轴装置预留预埋施工时要将模板固定牢固、上部预埋钢板应与护栏墙体钢筋固定在一起，不能出现松动的现象，施工中随时检查是否发生偏移，发现问题及时处理。
b) 滚轴装置安装时，要注意不能损坏自身的轴承系统，以免造成运转不畅，必要时在安装之前应对轴承系统添加黄油，以保证安装后能够运转顺畅。
c) 阻尼器位置应与滚轴装置相协调，保证阻尼器钢丝绳出绳顺畅。
d) 在进行阻尼器基础浇筑之前要严格检查阻尼器各构件是否齐全，同时调试是否能够运转正常，确认没有问题后再进行基础浇筑之前的准备工作。
e) 浇筑阻尼器基础时应将阻尼器滚筒上的钢丝绳用布或者塑料薄膜进行保护，以免混凝土飞溅到钢丝绳上，污染钢丝绳。
f) 阻尼器基础浇筑后养护期间要对阻尼器下部集料桶进行防雨处理，防止雨水进入集料桶。
g) 拦截网应与阻尼器钢丝绳连接牢固，迎撞部分拦截网竖直面应与制动坡道填充集料顶面保持垂直，并将该部分拦截网拉紧，防止网索倾斜。
h) 施工完毕后应对阻尼器进行封装处理，且封装措施应便于开启。

D.2.3 养护与维修注意事项

a) 阻尼器、滚轴装置内轴承、螺栓等构件应定期添加润滑油，以避免锈蚀后影响开启及正常运转，每次使用后应对轴承、轴、螺栓等关键构件进行检查，如发现损坏应及时更换。
b) 各构件螺栓应定期检查是否存在丢失及松动现象，如果出现应及时更换及拧紧。
c) 定期及每次使用后应对阻尼器集料桶内集料情况进行检查，保证集料处于干燥状态，同时若发现存在压碎严重、板结等情况时，必须对集料进行更换。
d) 未采用镀锌钢丝绳时，在使用中应对钢丝绳定期涂润滑油脂，防止腐蚀。
e) 定期及每次使用后应对钢丝绳断丝、弯折、压扁、绳股被挤出、绳股断裂、绳径局部变小或增大等现象仔细检查，相应更换标准可参照《起重机用钢丝绳检验和报废实用规范》（GB/T 5972）执行。
f) 拦截网安装及复位时，应按照设计的位置及设置高度进行复位，并应严格保证其迎撞部分处于竖直（即与砾石顶面垂直）、拉紧状态，现场可采用铁丝将网索拉紧，铁丝另一端可用膨胀螺栓固定于两侧混凝土护栏墙体上。

g) 拦截网使用后应检查网支架和立柱支架,如果有明显变形需要更换网支架和立柱支架。
h) 定期及每次使用后应检查阻尼器钢丝绳与拦截网连接是否牢固,发现松动现象应及时修复。

版权专有　不得翻印　侵权必究
举报电话：(0871)63215571